Impressum
Verlag: BABADADA GmbH, Nedderfeld 112 , 22529 Hamburg
Geschäftsführer / Verlagsleitung: Harald Hof
Druck: Books on Demand GmbH, In de Tarpen 42, 22848 Norderstedt

Imprint
Publisher: BABADADA GmbH, Nedderfeld 112 , 22529 Hamburg, Germany
Managing Director / Publishing direction: Harald Hof
Print: Books on Demand GmbH, In de Tarpen 42, 22848 Norderstedt

sekolah
škola

membagi
dijeliti

186/2

papan
ploča

ruang kelas
učionica

halaman sekolah
školsko dvorište

guru
učitelj

kertas
papir

menulis
pisati

pena
kemijska olovka

meja kerja
pisaći stol

penggaris
ravnalo

buku
knjiga

murit
učenik

tas sekolah

torba

tempat pensil

pernica

pensil

grafitna olovka

pengasah pensil

šiljilo za olovke

penghapus

gumica za brisanje

kertas gambar

blok za crtanje

gambar
crtež

kuas
kist

kotak cat
kutija s bojama

gunting
makaze

lem
ljepilo

buku latihan
bilježnica

pekerjaan rumah
domaći zadatak

angka
broj

tambhakan
sabirati

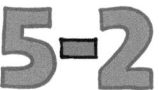

mengurangi
oduzimati

mengalikan
množiti

menghitung
računati

huruf
slovo

alfabet
abeceda

hello

kata
riječ

teks

tekst

membaca

čitati

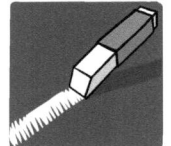

kapur

kreda

pelajaran

sat

daftar

dnevnik

ujian

ispit

sertifikat

svjedodžba

seragam sekolah

školska uniforma

pendidikan

obrazovanje

ensiklopedi

leksikon

universitas

sveučilište

mikroskop

mikroskop

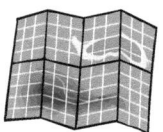

peta

karta

tempat sampah

košara za papir

hotel
hotel

Grand

hostel
prenoćište

ROOMS

kantor pertukaran mata uang
mjenjačnica

EXCHANGE

koper
kofer

mobil
auto

bahasa

jezik

ya / tidak

da / ne

okay

okay

hallo

zdravo

penerjemah

prevoditelj

terima kasih

hvala

Berapa harganya...?

Koliko košta...?

saya tidak mengerti

ne razumijem

masalah

problem

Selamat malam!

dobro veče!

Selamat siang!

Dobro jutro!

Selamat tidur!

Laku noć!

sampai jumpa

doviđenja

arah

smjer

bagasi

prtljaga

tas

torba

ransel

ruksak

tamu

gost

ruang

soba

kantong tidur

vreća za spavanje

tenda

šator

informasi wisata

turističke informacije

pantai

plaža

kartu kredit

kreditna kartica

sarapan

doručak

makan siang

ručak

makan malam

večera

tiket

karta za vožnju

elevator

dizalo

perangko

poštanska markica

perbatasan

granica

cukai

carina

kedutaan

ambasada

visa

viza

paspor

putovnica

transportasi
transport

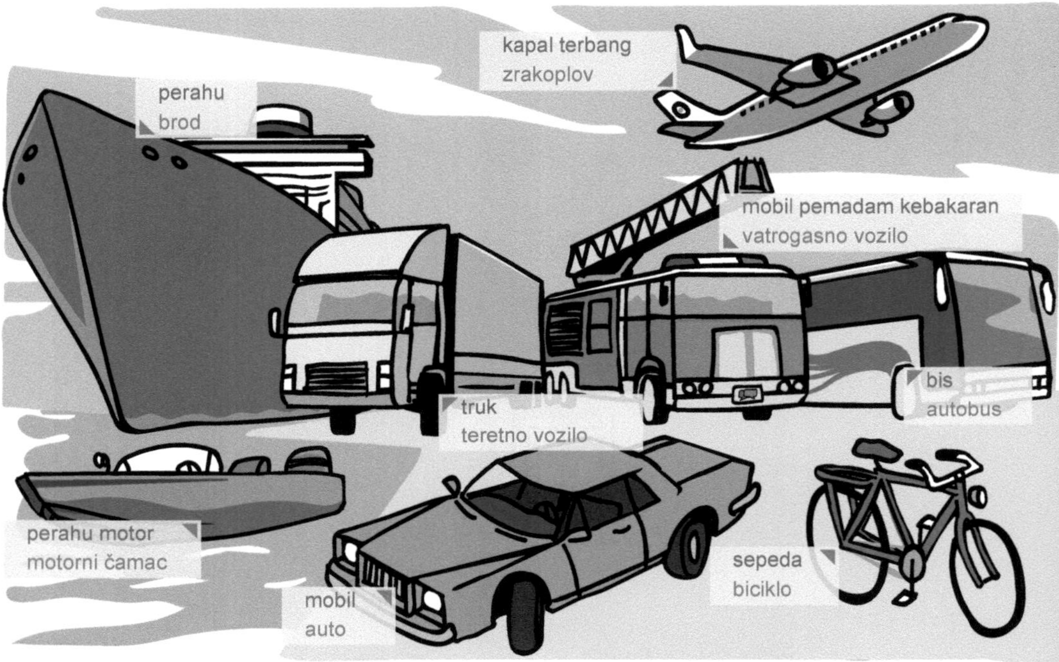
kapal terbang
zrakoplov
perahu
brod
mobil pemadam kebakaran
vatrogasno vozilo
bis
autobus
truk
teretno vozilo
perahu motor
motorni čamac
sepeda
biciklo
mobil
auto

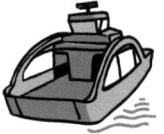

feri

trajekt

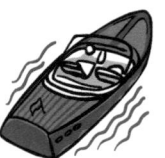

perahu

čamac

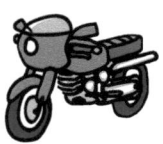

sepeda motor

motocikl

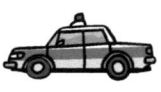

mobil polisi

policijski auto

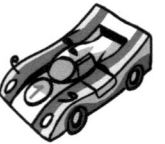

mobil balapan

trkaći auto

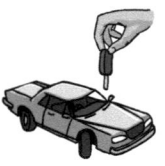

mobil sewa

iznajmljeno auto

berbagi mobil

dijeljenje automobila

truk derek

vučno vozilo

truk sampah

vozilo za odvoz smeća

motor

motor

bahan bakar

benzin

bensin

benzinska postaja

tanda lalulintas

prometni znak

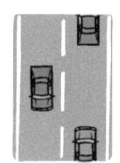

lalulintas

promet

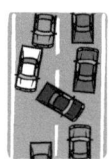

macet

zastoj

parkir mobil

parkiralište

stasiun kereta

kolodvor

trek

šine

kereta api

vlak

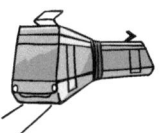

tram

tramvaj

gerobak

vagon

helikopter

helikopter

bendara

zrakoplovna luka

menara

toranj

penumpang

putnik

container

kontejner

karton

karton

troli

kolica

keranjang

košara

berangkat / mendarat

uzletjeti / sletjeti

kota

grad

desa

selo

pusat kota

centar grada

rumah

kuća

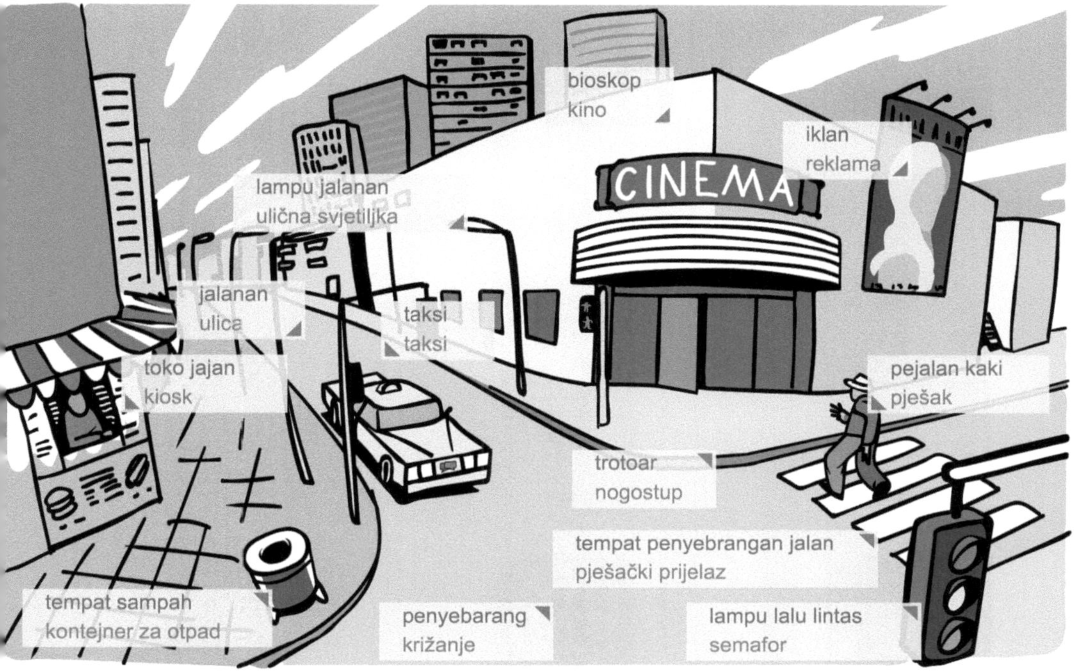

bioskop
kino

iklan
reklama

lampu jalanan
ulična svjetiljka

CINEMA

jalanan
ulica

taksi
taksi

toko jajan
kiosk

pejalan kaki
pješak

trotoar
nogostup

tempat penyebrangan jalan
pješački prijelaz

tempat sampah
kontejner za otpad

penyebarang
križanje

lampu lalu lintas
semafor

gubuk

koliba

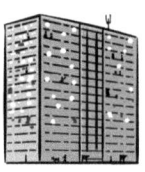

rumah flat

stan

stasiun kereta

kolodvor

balai kota

vijećnica

museum

muzej

sekolah

škola

universitas

sveučilište

bank

banka

rumah sakit

bolnica

hotel

hotel

farmasi

ljekarna

kantor

ured

toko buku

knjižara

toko

prodavaonica

toko bunga

cvjećara

supermarket

supermarket

pasar

trg

toko serba ada

robna kuća

nelayan

ribarnica

pusat belanja

trgovački centar

pelabuhan

luka

taman
park

banku
klupa

jembatan
most

tangga
stepenice

kereta bawah tanah
podzemna željeznica

terowongan
tunel

pemberhantian bis
autobusna stanica

bar
bar

restauran
restoran

kotak surat
poštansko sanduče

tanda jalan
ulični znak

meteran parkir
parkirni sat

kebun binatang
zoološki vrt

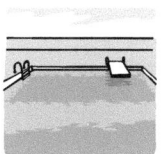

kolam renang
bazen

mesjid
džamija

pertanian

seosko gazdinstvo

polusi

zagađenje okoliša

kuburan

groblje

gereja

crkva

tempat bermain

igralište

pura

hram

pemandangan
krajolik

daun
list

penunjuk arah
putokaz

jalanan
put

padang rumput
livada

batu
kamen

pohon
drvo

pejalak kaki
šetač

sungai
rijeka

rumput
trava

bunga
cvijet

lembah

dolina

bukit

planina

danau

jezero

hutan

šuma

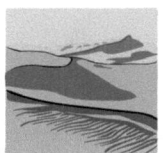

padang gurun

pustinja

gunung berapi

vulkan

istana

dvorac

pelangi

duga

jamur

gljiva

pohon palem

palma

nyamuk

moskito

lalat

muha

semut

mrav

lebah

pčela

laba-laba

pauk

kumbang

buba

kodok

žaba

tupai

vjeverica

landak

jež

kelinci

zec

burung hantu

sova

burung

ptica

angsa

labud

babi jantan

divlja svinja

rusa

jelen

rusa

los

bendungan

nasip

turbin angin

vjetrenjača

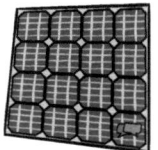

panel surya

solarna ploča

iklim

klima

pelayan
konobar

daftar makanan
jelovnik

kursi
stolica

sup
supa

pizza
pica

peralatan makan
pribor za jelo

taplak
stolnjak

hindangan pembuka
predjelo

hidangan utama
glavno jelo

makanan
jelo

hidangan penutup
desert

botol
boca

minuman
napitci

fastfood
fastfood

masakan jalanan
imbis hrana

teko teh
čajnik

kaleng gula
doza za šećer

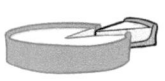

porsi
porcija

mesin espresso
aparat za espresso

kursi tinggi
visoka stolica

tagihan
račun

baki
pladanj

pisau
nož

garpu
vilica

sendok
žlica

sendok teh
čajna žlica

serbet
ubrus

gelas
čaša

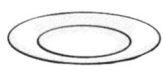

piring
tanjur

piring sup
tanjur za supu

lepek
tanjurić

saus
sos

tempat garam
soljenka

gilingan merica
mlin za biber

cuka
ocat

minyak
ulje

bumbu
začini

saus tomat
kečap

mustar
senf

mayones
majoneza

supermarket
supermarket

penawaran khusus
ponuda
FOR
klien
kupac
produk susu
mliječni proizvodi
buah
voće
troli
kolica za kupnju

BUTCHERS

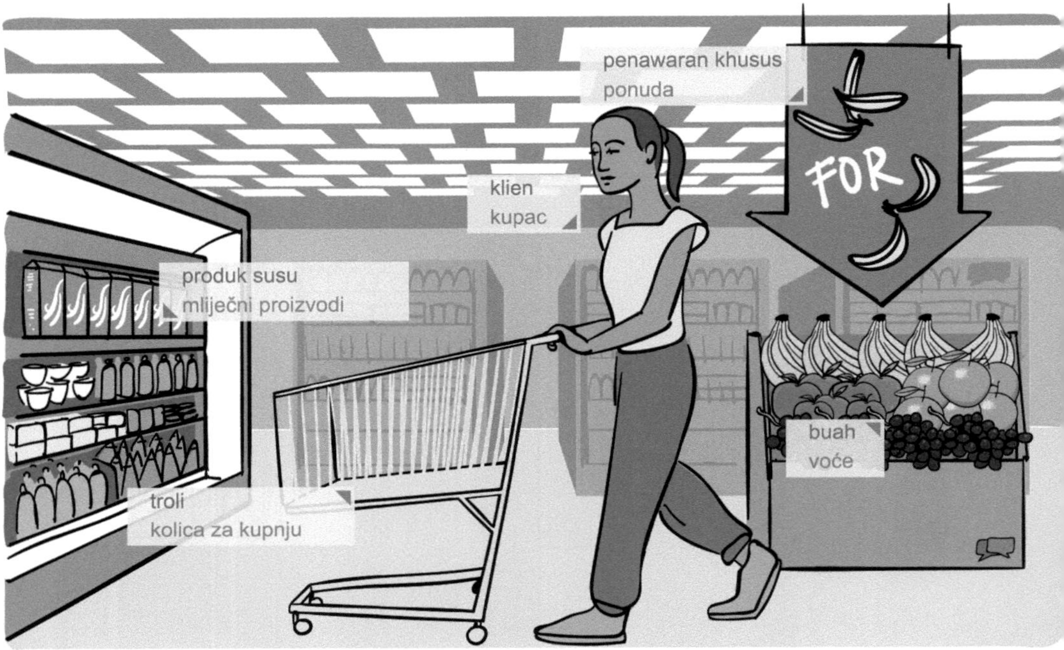

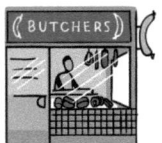

pembantai
mesnica

BAKERY

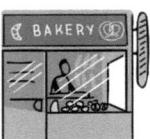

toko roti
pekarnica

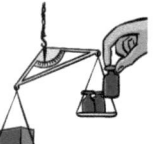

menimbang
vagati

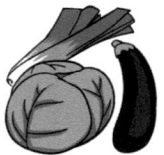

sayur
povrće

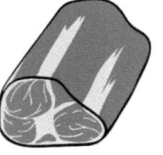

daging
meso

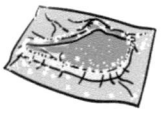

makanan beku
duboko smrznuta hrana

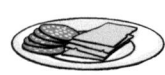

pemotongan dingin

narezak

makanan kaleng

konzerve

sabun serbuk

sredstvo za pranje

permen

slatkiši

alat-alat rumah tangga

artikli za domaćinstvo

obat pembersihan

sredstva za čišćenje

penjual

prodavačica

kasa

blagajna

kasir

blagajnik

daftar belanja

lista za kupnju

jam buka

vrijeme rada

dompet

novčanik

kartu kredit

kreditna kartica

tas

torba

kantong plastik

plastična vrećica

air
voda

jus
sok

susu
mlijeko

cola
cola

anggur
vino

bir
pivo

alkohol
alkohol

coklat
kakao

teh
čaj

kopi
kava

espresso
espresso

cappucino
cappuccino

pisang

banana

apel

jabuka

jeruk

naranča

semangka

lubenica

jeruk lemon

limun

wortel

mrkva

bawang putih

češnjak

bambu

bambus

bawang bombai

luk

jamur

gljiva

kacang

orašasti plodovi

mi

rezanci

spagetti

špagete

nasi

riža

salat

salata

kentang goreng

pomfrit

kentang goreng

pečeni krumpir

pizza

pica

hamburger

hamburger

sandwich

sendvič

sayatan

šnicla

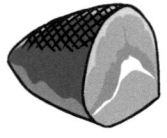

ham

pršut

salami

salama

sosis

kobasica

ayam

kokoš

menggoreng

pečenje

ikan

riba

bubur gandum

zobene pahuljice

sereal

musli

cornflakes

kukuruzne pahuljice

tepung

brašno

croissant

roščić

roti

pecivo

roti

kruh

toast

toast

biskuit

keksi

mentega

maslac

dadih

svježi sir

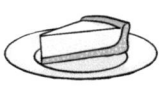

kue

kolač

telur

jaje

telur goreng

jaje na oko

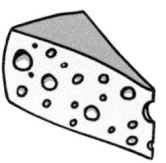

keju

sir

eskrim

sladoled

gula

šećer

madu

med

selai

marmelada

krim nugat

nugat krema

kare

curry

pertanian
seosko gazdinstvo

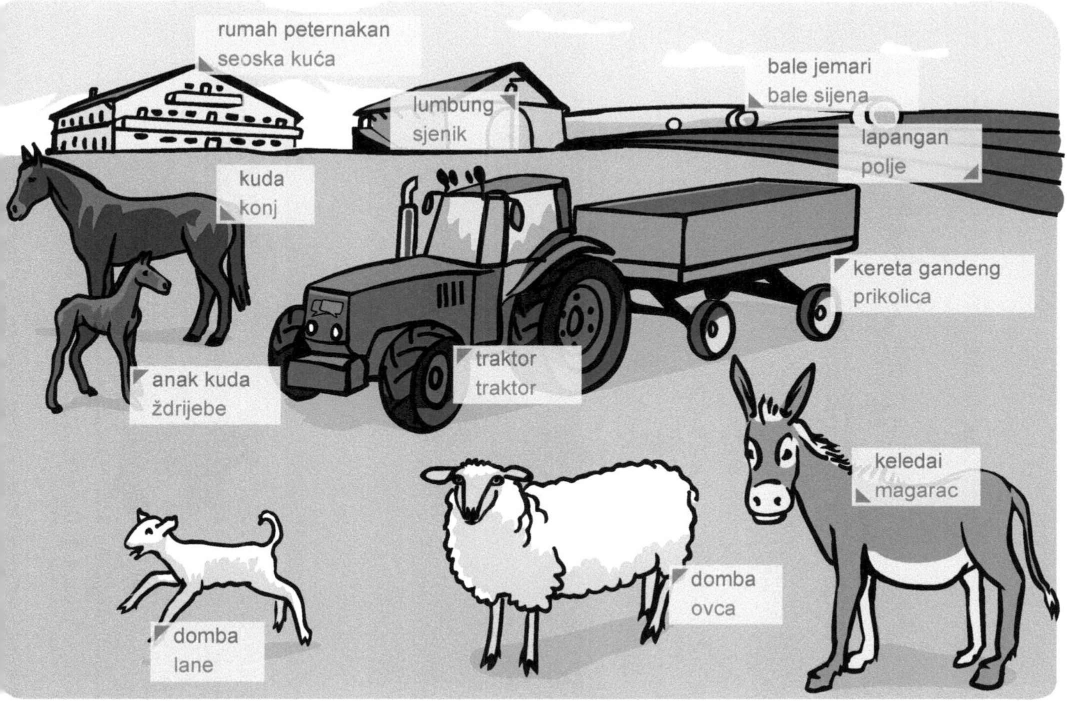
rumah peternakan
seoska kuća
lumbung
sjenik
bale jemari
bale sijena
lapangan
polje
kuda
konj
kereta gandeng
prikolica
anak kuda
ždrijebe
traktor
traktor
keledai
magarac
domba
ovca
domba
lane

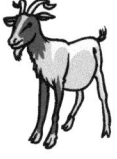

kambing

koza

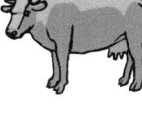

sapi

krava

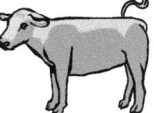

betis

tele

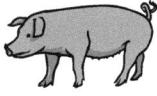

babi

svinja

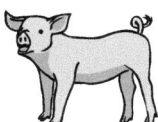

celeng

prase

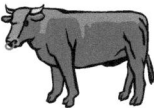

banteng

bik

angsa

guska

bebek

patka

anak ayam

pilići

ayam

kokoš

ayam jantan

pijetao

tikus

pacov

kucing

mačka

tikus

miš

lembu

vol

anjing

pas

rumah anjing

kućica za psa

selang

vrtno crijevo

penyiram

kanta za polijevanje

sabit

kosa

bajak

plug

pertanian - seosko gazdinstvo

sabit
srp

cangkul
motika

garpu rumput
vilica za gnojivo

kapak
sjekira

gerobak
tačke

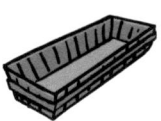

palung
korito

kaleng susu
posuda za mlijeko

karung
vreća

pagar
ograda

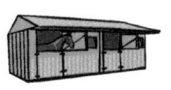

kandang
štala

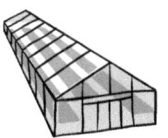

rumah kaca
staklenik

tanah
zemlja

benih
sjeme

pupuk
gnojivo

mesin pemanen
kombajn

panen

žanjati

panen

žetva

yams

yams začin

gandum

pšenica

kedelai

soja

kentang

krumpir

jagung

kukuruz

lobak

uljana repica

pohon buah

voćka

singkong

gomolj manioke

sereal

žitarice

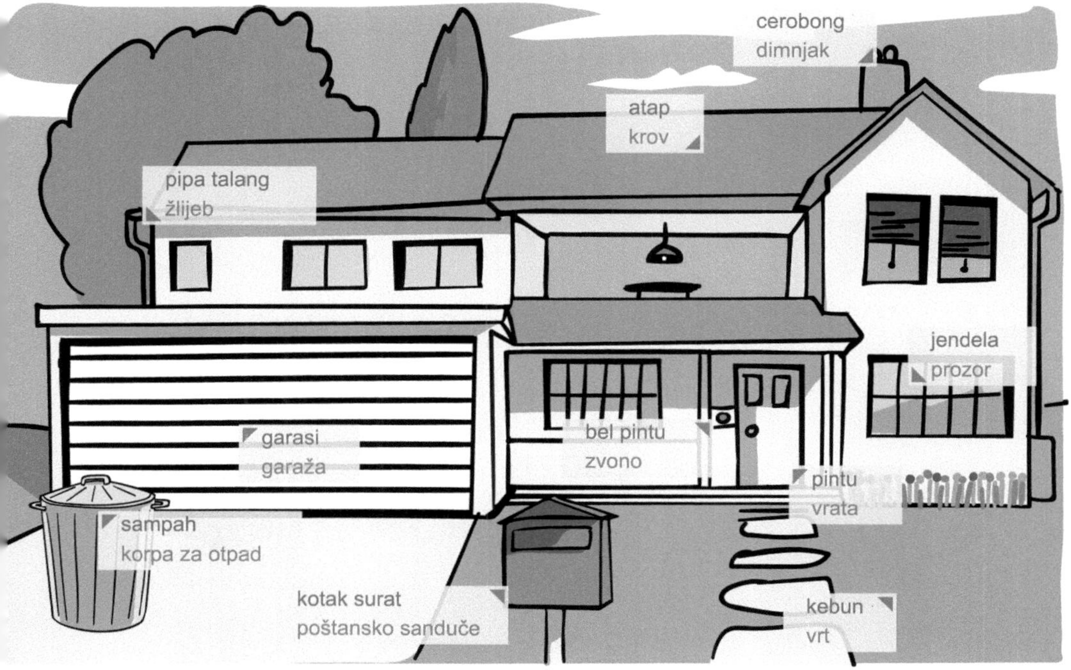

cerobong
dimnjak

atap
krov

pipa talang
žlijeb

jendela
prozor

garasi
garaža

bel pintu
zvono

pintu
vrata

sampah
korpa za otpad

kotak surat
poštansko sanduče

kebun
vrt

ruang tamu
dnevna soba

kamar mandi
kupaonica

dapur
kuhinja

kamar tidur
spavaća soba

kamar anak
dječija soba

kamar makan
trpezarija

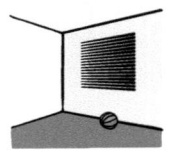

lantai
pod

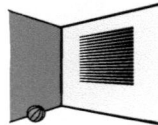

tembok
zid

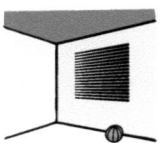

atap
strop

gudang di bawah tanah
podrum

sauna
sauna

balkon
balkon

teras
terasa

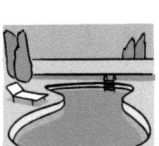

kolam renang
bazen

mesin pemotong rumput
kosilica za travu

sprei
posteljina za krevet

selimut
deka za krevet

tempat tidur
krevet

sapu
metla

ember
kanta

tombol
sklopka

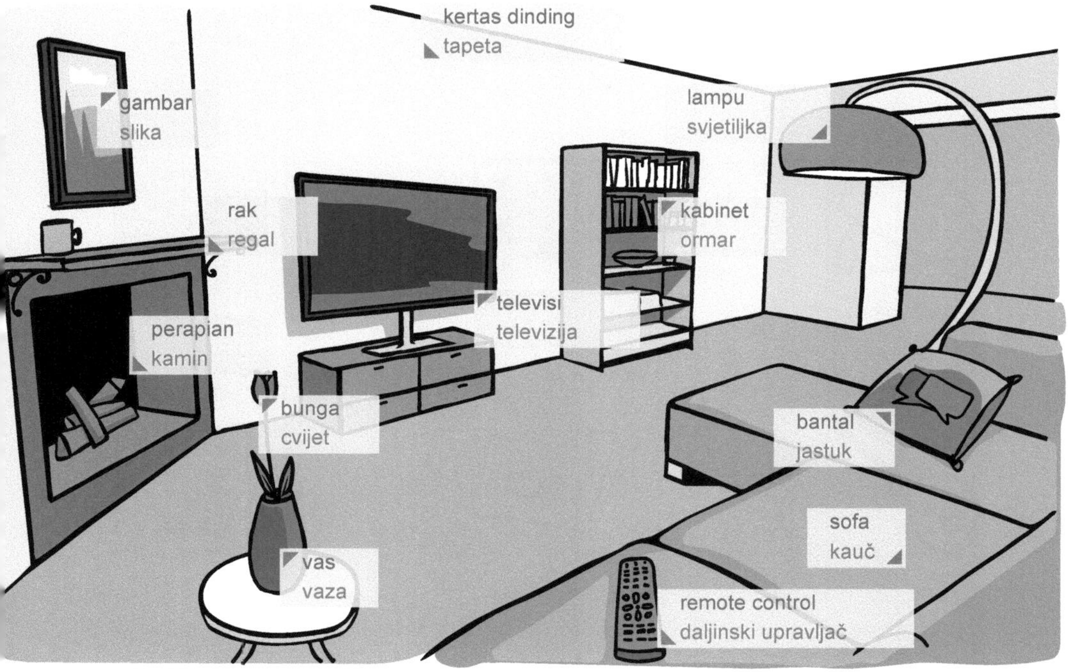

kertas dinding
tapeta

gambar
slika

lampu
svjetiljka

rak
regal

kabinet
ormar

televisi
televizija

perapian
kamin

bunga
cvijet

bantal
jastuk

sofa
kauč

vas
vaza

remote control
daljinski upravljač

karpet

tepih

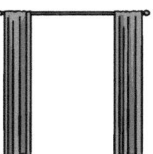

korden

zavjesa

meja

stol

kursi

stolica

kursi goyang

stolica za njihanje

kursi malas

fotelja

buku

knjiga

selimut

deka

dekorasi

dekoracija

kayu bakar

drvo za ogrjev

filem

film

hi-fi

stereo uređaj

kunci

ključ

koran

novine

lukisan

slika na platnu

poster

poster

radio

radio

buku tulis

blok za pisanje

penyedot debu

usisavač

kaktus

kaktus

lilin

svijeća

dapur
kuhinja

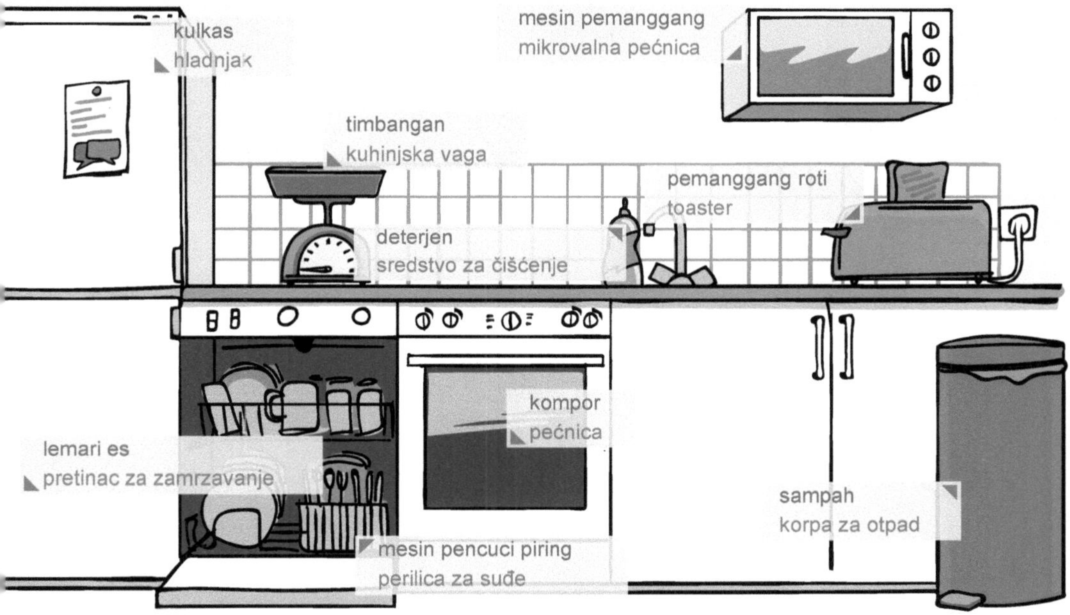

kulkas
hladnjak
mesin pemanggang
mikrovalna pećnica
timbangan
kuhinjska vaga
pemanggang roti
toaster
deterjen
sredstvo za čišćenje
kompor
pećnica
lemari es
pretinac za zamrzavanje
sampah
korpa za otpad
mesin pencuci piring
perilica za suđe

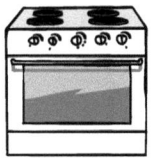

kompor

štednjak

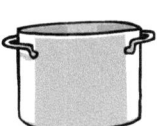

panci

lonac

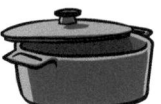

panci besi

željezni lonac

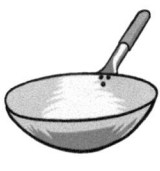

wajan

wok / kadai

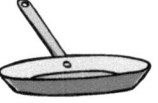

panci

tava

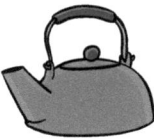

pemanas air

kuhalo za vodu

panci pengukus makanan

kuhalo na paru

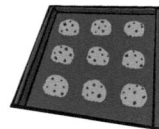

nampan

lim za pečenje

piring

posuđe

cangkir

čaša

mangkok

zdjela

sumpit

štapići za jelo

sendok sup

kutljača

sudip

lopatica

mengocok

pjenjača

saringan

sito za kuhanje

saringan

sito

parutan

ribež

mortir

mužar

barbeque

roštilj

api terbuka

ognjište

papan memotong

daska

gilingan

oklagija

alat pembuka botol

vadičep

kaleng

konzerva

pembuka kaleng

otvarač konzervi

pegangan panci

krpa za lonac

wastafel

sudoper

sikat

četka

busa

spužva

mesin pencampur

mikser

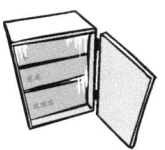

lemari es

zamrzivač

botol bayi

bočica za bebe

keran

slavina za vodu

kamar mandi
kupaonica

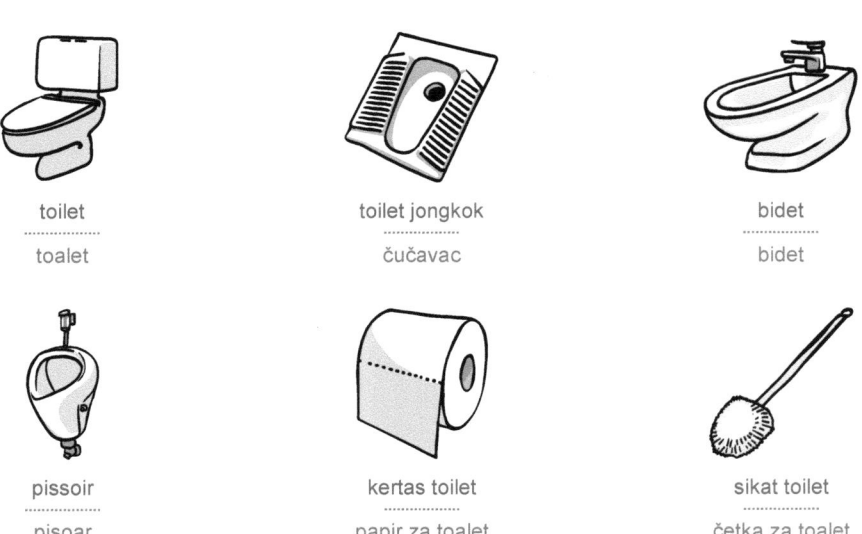

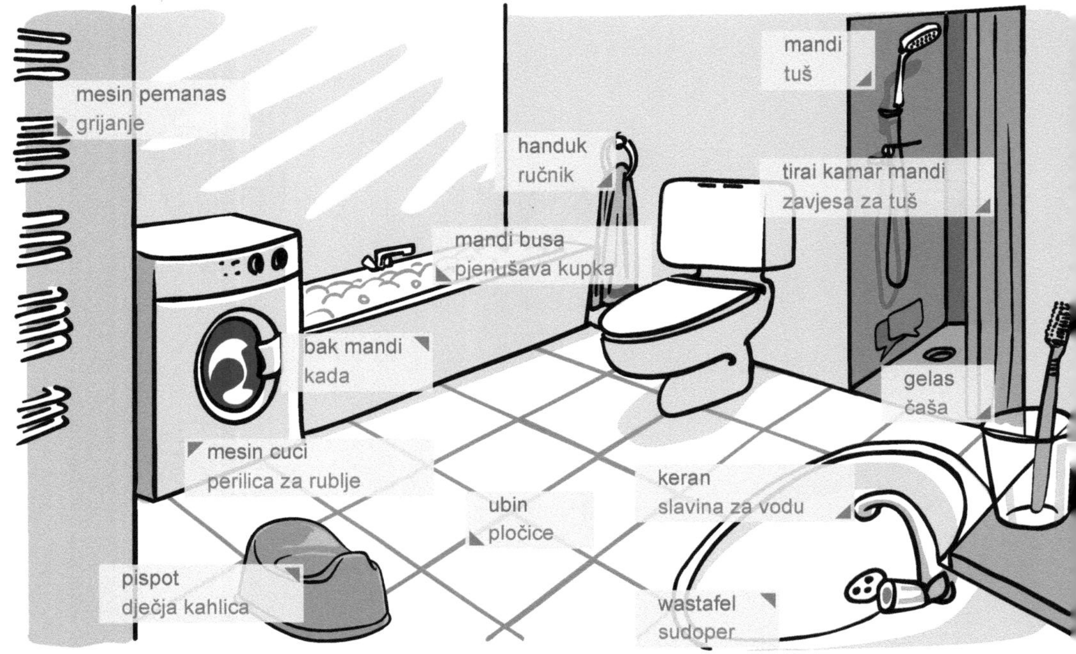
mesin pemanas
grijanje
handuk
ručnik
mandi
tuš
tirai kamar mandi
zavjesa za tuš
mandi busa
pjenušava kupka
bak mandi
kada
gelas
čaša
mesin cuci
perilica za rublje
keran
slavina za vodu
ubin
pločice
pispot
dječja kahlica
wastafel
sudoper

toilet

toalet

toilet jongkok

čučavac

bidet

bidet

pissoir

pisoar

kertas toilet

papir za toalet

sikat toilet

četka za toalet

sikat gigi

četkica za zube

pasta gigi

pasta za zube

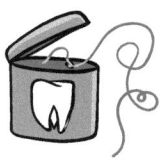

benang gigi

konac za zube

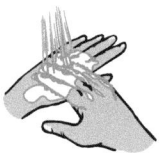

menyuci

prati

pancuran tangan

tuš ručica

pancuran

tuš za pranje intimnih dijelova

bak

lavor

sikat punggung

četka za pranje leđa

sabun

sapun

gel mandi

gel za tuširanje

sampo

šampon

planel

krpa za pranje

kuras

odvod

krim

krema

deodoran

dezodorans

kaca

ogledalo

cermin tangan

kozmetičko ogledalo

pisau cukur

brijač

busa cukur

pjena za brijanje

aftershave

losion za poslije brijanja

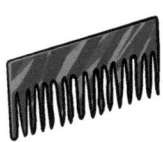

sisir

češalj

sikat

četka

alat pengering rambut

sušilo za kosu

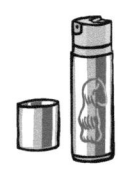

semprot rambut

sprej za kosu

makeup

makeup

lipstik

ruž za usne

cat kuku

lak za nokte

kapas

vata

gunting kuku

škare za nokte

minyak wangi

parfem

kantong pencuci

neseser

bangku

stolica

timbangan

vaga

mantel mandi

ogrtač

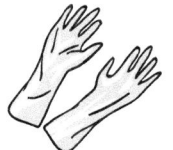

sarung tangan karet

rukavice za čišćenje

tampon

tampon

handuk pembalut

uložak

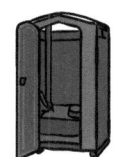

toilet kimia

kemijski toalet

kamar anak
dječija soba

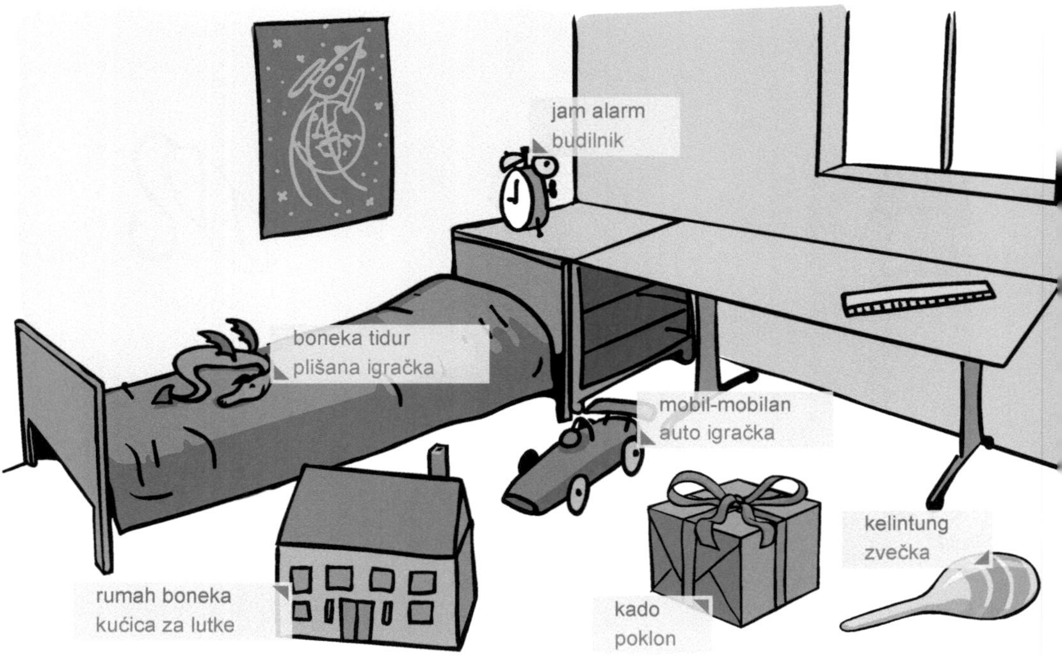

jam alarm
budilnik
boneka tidur
plišana igračka
mobil-mobilan
auto igračka
kelintung
zvečka
rumah boneka
kućica za lutke
kado
poklon

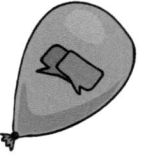

balon
balon

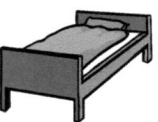

tempat tidur
krevet

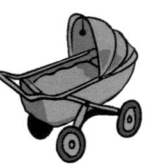

kereta bayi
dječija kolica

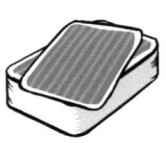

mainan kartu
igra s kartama

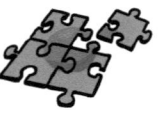

teka-teki
slagalica

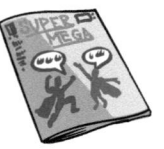

komik
strip

mainan lego

lego kockice

blok mainan

kockice za slaganje

figur aksi

akcioni junak

baju monyet

kombinezon za bebe

frisbee

frizbi

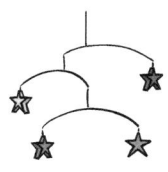

mobile

viseće igračke

permainan papan

društvene igre

dadu

kocka

set model kreta api

minijaturna željeznica

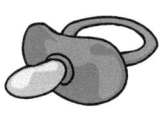

dot

duda

pesta

tulum

buku gambar

slikovnica

bola

lopta

boneka

lutka

bermain

igrati

tempat main pasir

pješčanik

ayunan

ljuljačka

mainan

igračka

video game konsol

konzola za igre

sepeda roda tiga

tricikl

teddy

plišani medo

lemari pakaian

ormar

pakaian
odjeća

kaos kaki

kratke čarape

kaos kaki

čarape

baju ketat

hulahopke

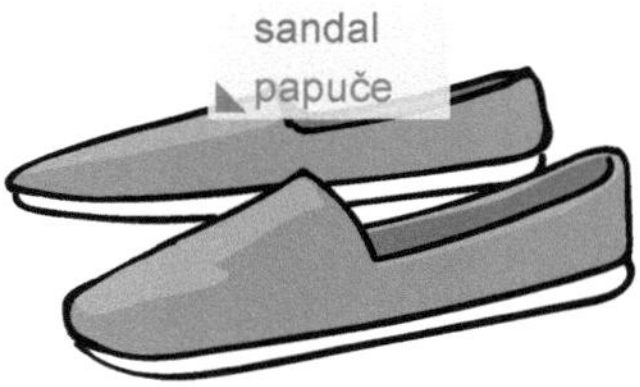

syal
šal

payung
kišobran

kaos
t-shirt

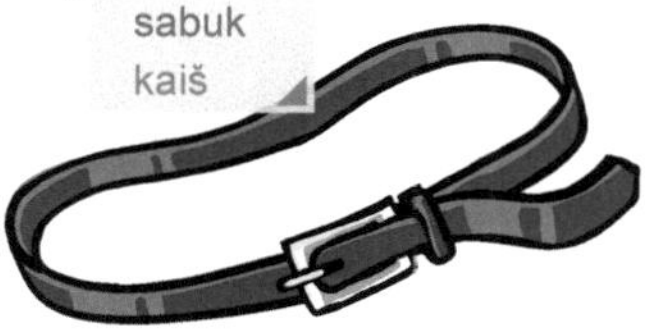

sabuk
kaiš

sepatu bot
čizme

sandal
papuče

sepatu
patike

sandal

sandale

sepatu

cipele

sepatu bot karet

gumene čizme

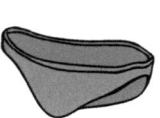

celana dalam

gaćice

BH

grudnjak

baju rompi

potkošulja

body
bodi

celana
hlače

jeans
džins

rok
haljina

blus
bluza

kemeja
košulja

aket berkerudung
džemper

sweater
pulover s kapuljačom

jaket
blejzer

jaket
jakna

mantel
kaput

jas hujan
kabanica

kostum
kostim

gaun
haljina

gaun pengantin
vjenčanica

setelan resmi

odijelo

gaun tidur

spavaćica

piyama

pidžama

sari

sari

jilbab

rubac

turban

turban

burka

burka

kaftan

kaftan

abaya

abaja

pakaian renang

kupaći kostim

celana renang

kupaće gaćice

celana pendek

kratke hlače

olah raga

odjeća za trening

celemek

pregača

sarung tangan

rukavice

kancing

gumb

kacamata

naočale

gelang

narukvica

kalung

ogrlica

cincin

prsten

anting

naušnica

topi

kapa

gantungan mantel

vješalica

topi

šešir

dasi

kravata

ritsleting

patent zatvarač

helm

kaciga

tali selempang

naramenice

seragam sekolah

školska uniforma

seragam

uniforma

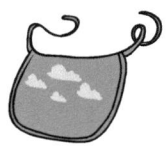

oto

podbradak

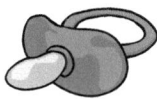

dot

duda

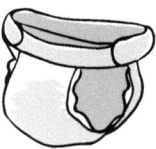

popok

pelena

kantor

ured

server
server
lemari arsip
ormar za spise
kertas
papir
pencetak
pisač
layar
monitor
mouse komputer
miš
meja kerja
pisaći stol
tempat pengarsipan
mapa
papan tombol
tipkovnica
tempat sampah
košara za papir
computer
računar
kursi
stolica

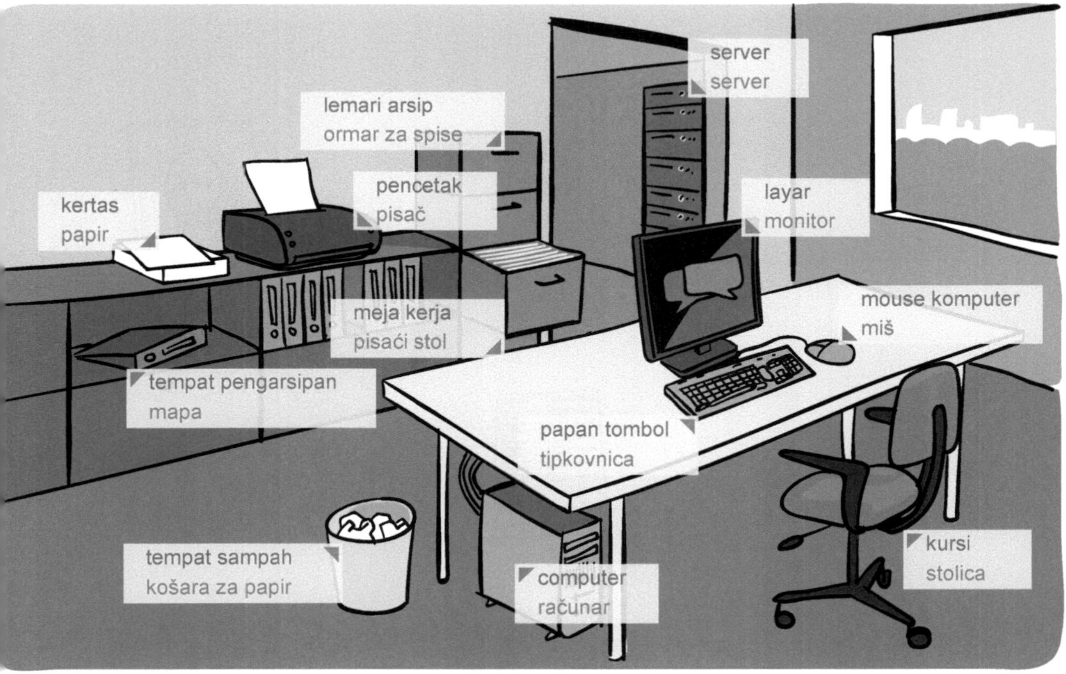

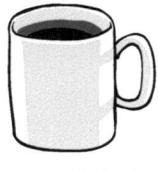

cangkir kopi

šalica za kavu

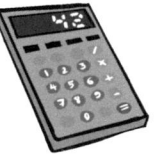

kalkulator

kalkulator

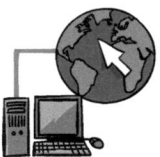

internet

internet

laptop
laptop

surat
pismo

pesan
poruka

telepon seluler
mobilni telefon

jaringan
mreža

fotokopi
uređaj za kopiranje

software
softver

telepon
telefon

plug soket
utičnica

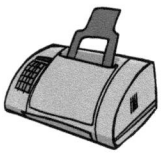

mesin fax
faks

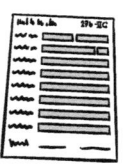

formulir
obrazac

dokumen
dokument

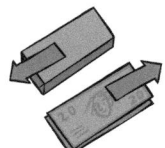

membeli

kupovati

membayar

platiti

berdagang

trgovati

uang

novac

Dollar

dolar

Euro

euro

Yen

jen

Rubel

rubalj

Franc Swiss

švicarski franak

Renminbi Yuan

renmindbi yuan

Rupiah

rupija

ATM

automat za novac

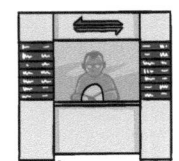

kantor pertukaran mata uang

mjenjačnica

emas

zlato

perak

srebro

minyak

nafta

energi

energija

harga

cijena

kontrak

ugovor

pajak

porez

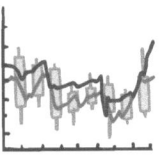

saham

dionica

bekerja

raditi

karyawan

službenik

majikan

poslodavac

pabrik

tvornica

toko

prodavaonica

pekerjaan
zanimanja

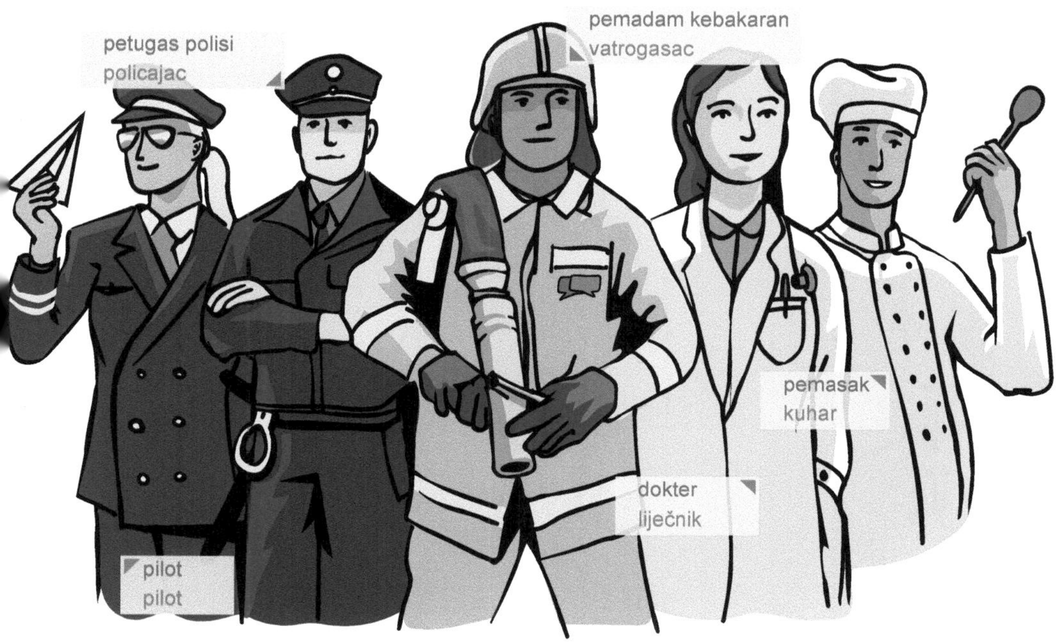

petugas polisi
policajac
pemadam kebakaran
vatrogasac
pemasak
kuhar
dokter
liječnik
pilot
pilot

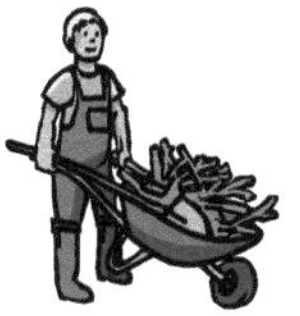

tukan kebun

vrtlar

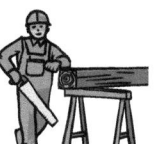

tukang kayu

stolar

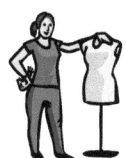

penjahit wanita

krojačica

hakim

sudija

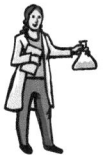

ahli kimia

kemičar

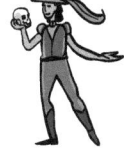

aktor

glumac

sopir bis

vozač autobusa

sopir taksi

vozač taksija

nelayan

ribar

pembantu

čistačica

tukang atap

krovopokrivač

pelayan

konobar

pemburu

lovac

pelukis

slikar

tukang roti

pekar

tukang listrik

električar

pembangun

građevinski radnik

insinyur

inženjer

tukang daging

mesar

tukang ledeng

limar

tukang pos

poštar

tentara

vojnik

arsitek

arhitekta

kasir

blagajnik

penjual bunga

cvjećar

penata rambut

frizer

konduktor

kondukter

montir

mehaničar

kapten

kapetan

dokter gigi

zubar

ilmuwan

znanstvenik

rabbi

rabi

imam

imam

biarawan

monah

pendeta

svećenik

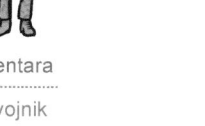

alat
alati

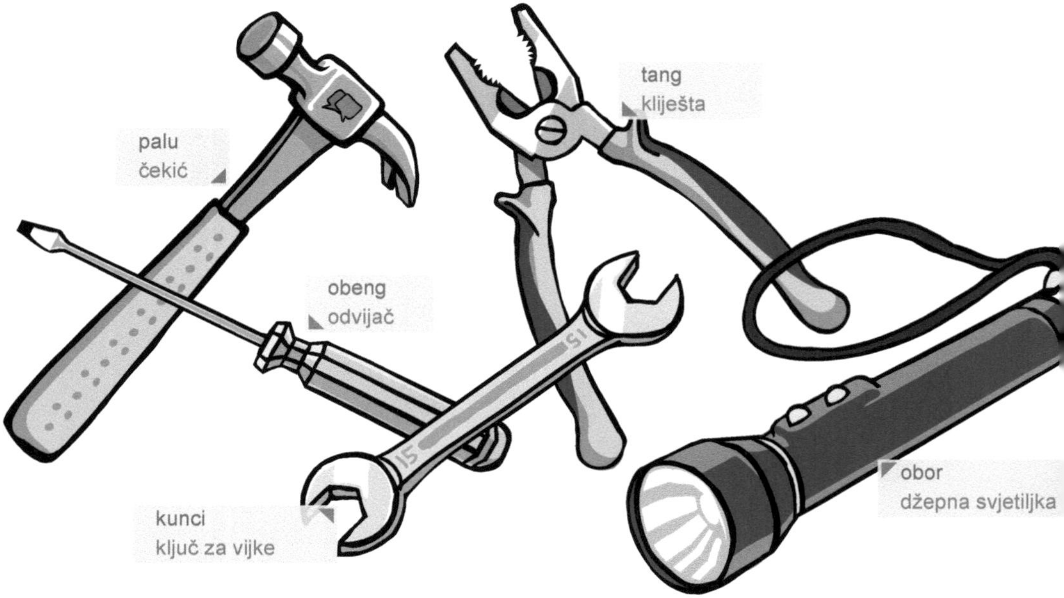
palu
čekić
tang
kliješta
obeng
odvijač
kunci
ključ za vijke
obor
džepna svjetiljka

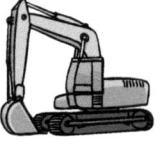

penggali

rovokopač

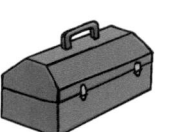

tas perkakas

kutija za alat

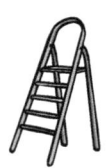

tangga

ljestve

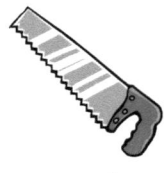

gergaji

pila

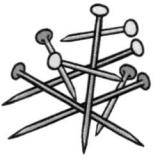

paku

ekser

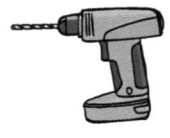

bor

bušilica

perbaikan

popraviti

sekop

lopata

Sialan!

Sranje!

cikrak

lopatica

pot cat

lonac za boju

sekrup

vijci

alat musik
glazbeni instrument

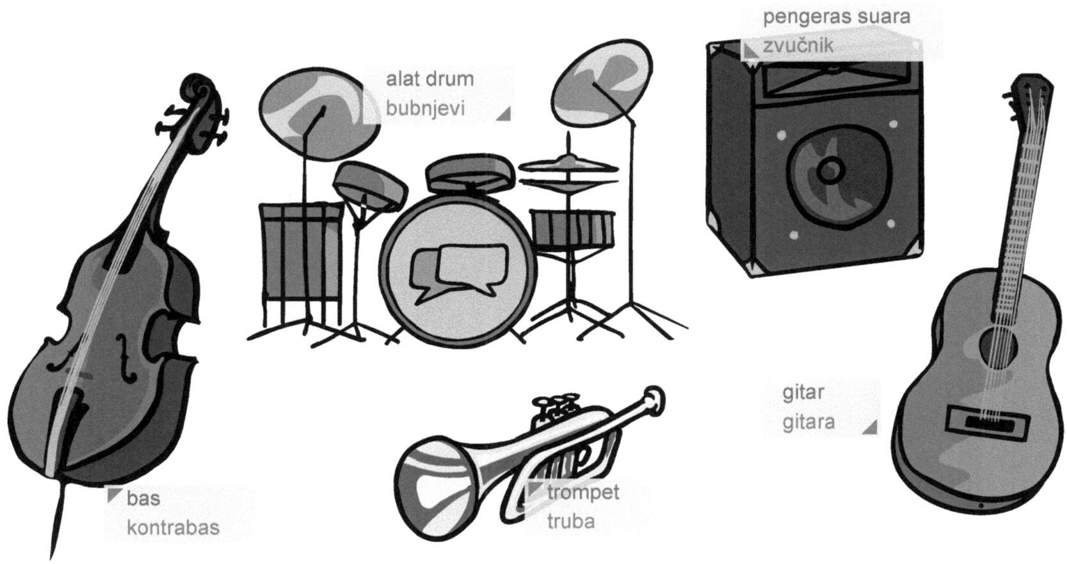

pengeras suara
zvučnik

alat drum
bubnjevi

gitar
gitara

bas
kontrabas

trompet
truba

piano

klavir

violin

violina

bass

bas

tambur

timpani

drum

udaraljke za bubnjeve

keyboard

keyboard

saksofon

saksofon

suling

flauta

mikrofon

mikrofon

alat musik - glazbeni instrument

kebun binatang
zoološki vrt

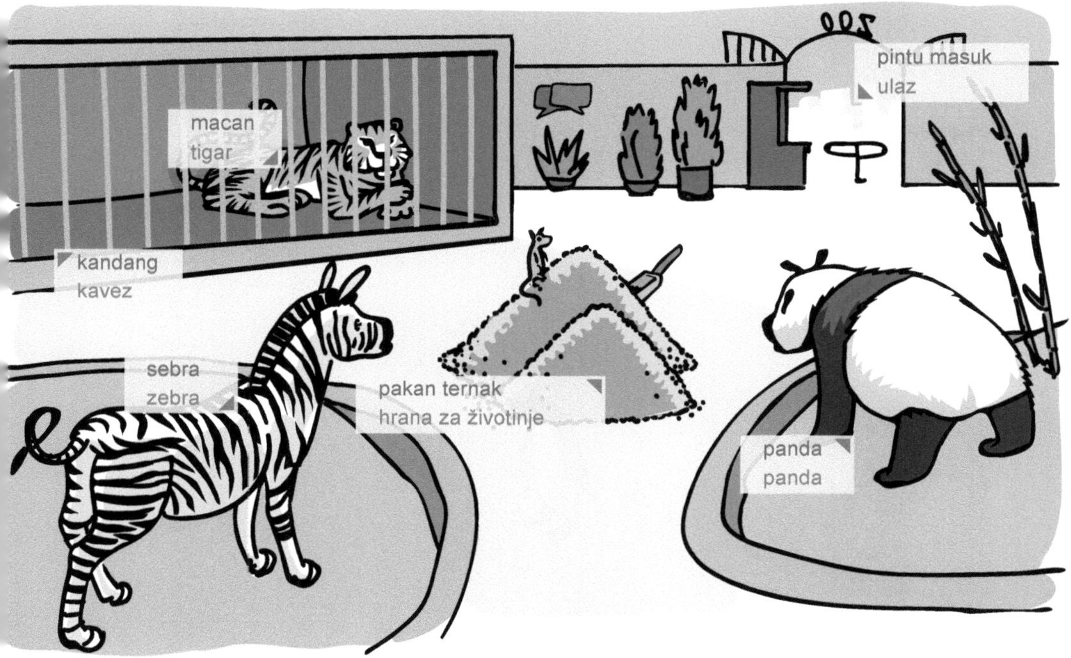

pintu masuk
ulaz
macan
tigar
kandang
kavez
sebra
zebra
pakan ternak
hrana za životinje
panda
panda

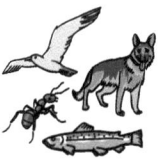

hewan

životinje

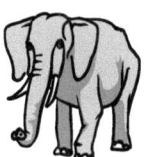

gajah

slon

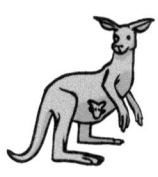

kanguru

kengur

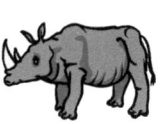

badak

nosorog

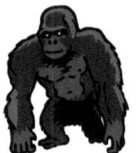

gorila

gorila

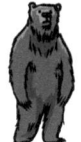

beruang

medvjed

unta
kamila

burung unta
noj

singa
lav

monyet
majmun

flamingo
flamingo

burung beo
papagaj

beruang polar
polarni medvjed

penguin
pingvin

hiu
ajkula

merak
paun

ular
zmija

buaya
krokodil

penjaga kebun binatang
čuvar u zoološkom vrtu

segel
tuljan

jaguar
jaguar

kuda poni

poni

macan tutul

leopard

kuda nil

nilski konj

jerapah

žirafa

burung elang

orao

babi jantan

divlja svinja

ikan

riba

kura-kura

kornjača

anjing laut

morž

rubah

lisica

kijang

gazela

american football
američki nogomet

naik sepeda
biciklizam

tennis
tenis

basketbal
košarka

bernang
plivanje

tinju
boks

hoki es
hockey na ledu

sepak bola
nogomet

badminton
badminton

atletik
atletika

bola tangan
rukomet

main ski
skijanje

polo
polo

aktivitas
aktivnosti

ketawa
smijati se
meloncat
skočiti
memeluk
zagrliti
berjalan
ići
menyanyi
pjevati
mengimpi
sanjati
berdoa
moliti se
mencium
poljubiti

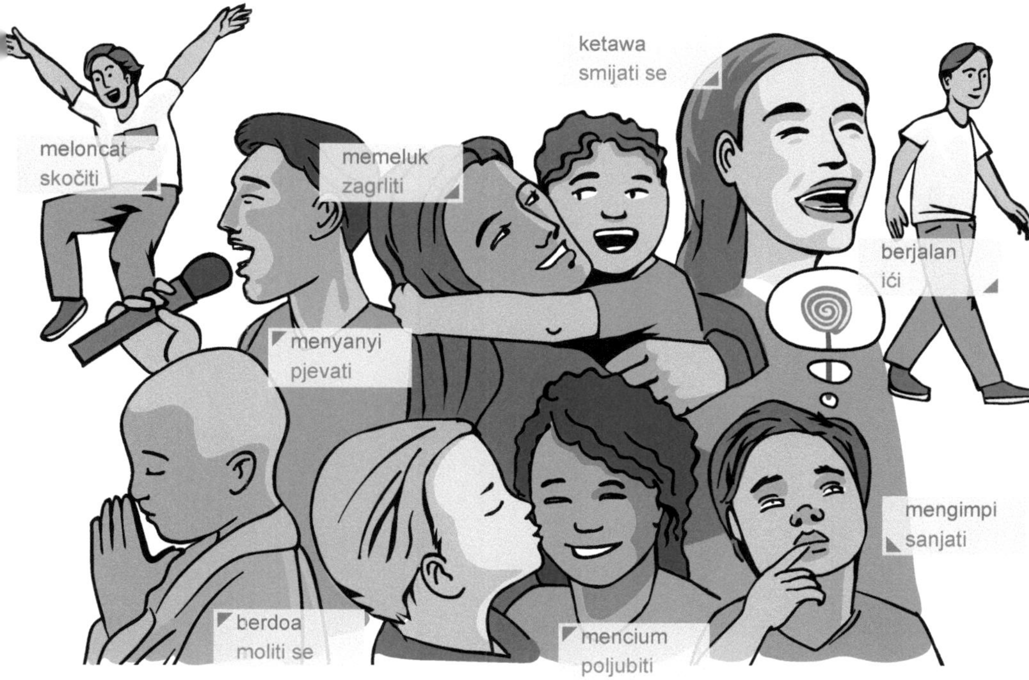

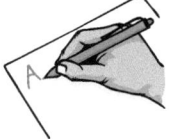

menulis

pisati

melukis

crtati

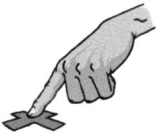

menunjuk

pokazati

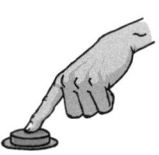

mendorong

gurati

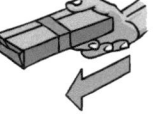

memberikan

dati

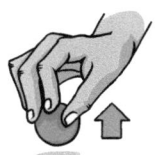

mengambil

uzeti

mempunyai

imati

melakukan

činiti

adalah

biti

berdiri

stojati

berlari

trčati

menarik

povlačiti

melempar

baciti

jatuh

padati

tidur

ležati

menunggu

čekati

membawa

nositi

duduk

sjediti

berpakaian

oblačiti

tidur

spavati

bangun

probuditi se

melihat

gledati

menangis

plakati

mengelus

milovati

menyisir

češljati

berbicara

govoriti

mengerti

razumjeti

menanyak

pitati

mendengar

slušati

minum

piti

makan

jesti

merapikan

pospremiti

cinta

voljeti

memasak

kuhati

menyetir

voziti

terbang

letjeti

berlayar

ploviti

menghitung

računati

membaca

čitati

belajar

učiti

bekerja

raditi

menikah

vjenčati se

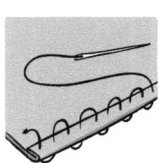

menjahit

šiti

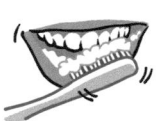

sikat gigi

prati zube

membunuh

ubiti

merokok

pušiti

kirim

poslati

keluarga
obitelj

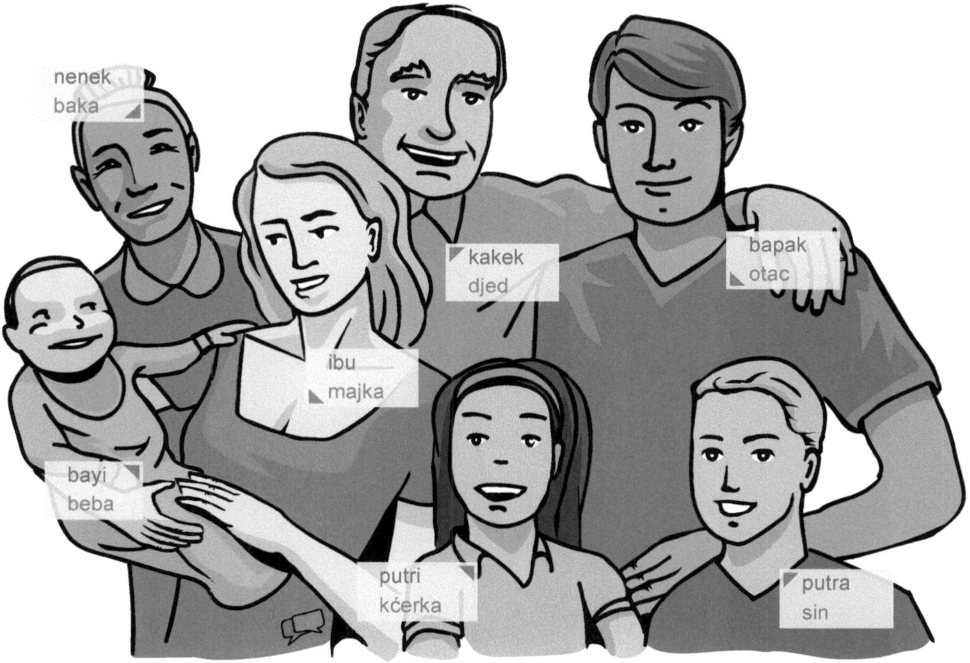
nenek
baka
kakek
djed
bapak
otac
ibu
majka
bayi
beba
putri
kćerka
putra
sin

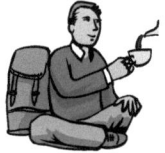

tamu

gost

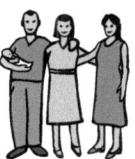

bibi

tetka

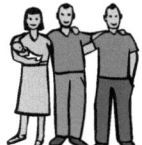

paman

ujak, stric

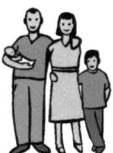

kakak laki

brat

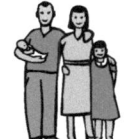

kakak perempuan

sestra

badan

tijelo

dahi
čelo
mata
oko
bahu
rame
jari
prst
muka
lice
dagu
brada
tangan
ruka
kaki
noga
payudara
grudi
lengan
ruka

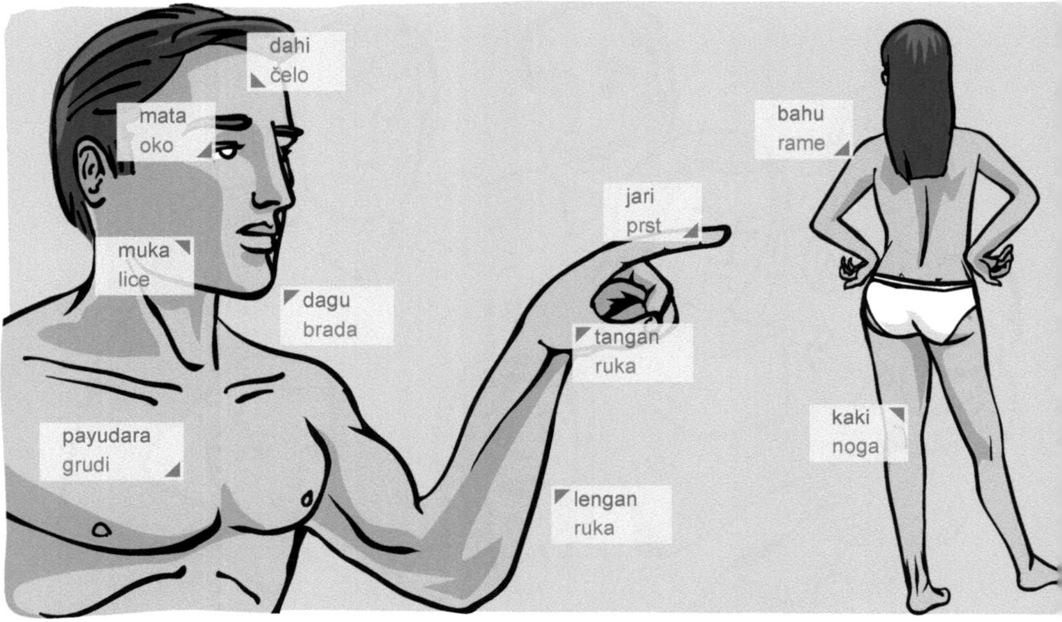

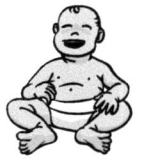

bayi

beba

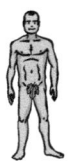

pria

muškarac

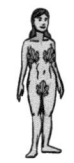

wanita

žena

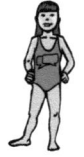

perempuan

djevojčica

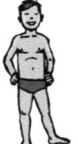

laki

dječak

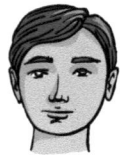

kepala

glava

punggung

leđa

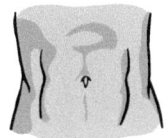

perut

trbuh

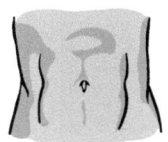

pusar

pupak

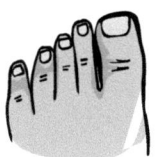

toe

nožni prst

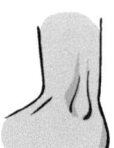

tumit

peta

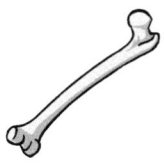

tulang

kost

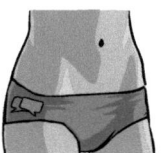

pinggang

kuk

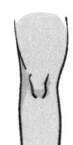

lutut

koljeno

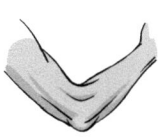

siku

lakat

hidung

nos

pantat

stražnjica

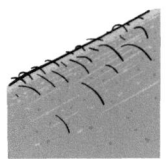

kulit

koža

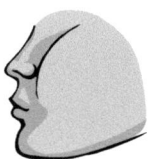

pipi

obraz

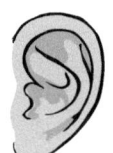

telinga

uho

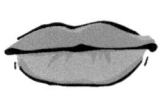

bibir

usna

mulut

usta

gigi

zub

lidah

jezik

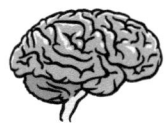

otak

mozak

jantung

srce

otot

mišić

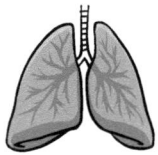

paru-paru

pluća

hati

jetra

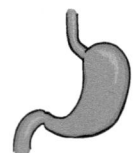

stomach

želudac

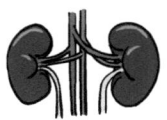

ginjal

bubrezi

hubungan seks

snošaj

kondom

kondom

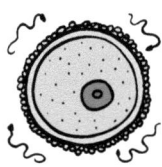

sel telur

jajna stanica

sperma

sperma

kehamilan

trudnoća

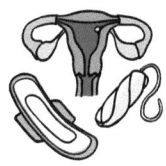

menstruasi

menstruacija

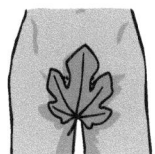

vagina

vagina

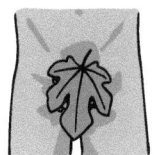

penis

penis

alis

obrva

rambut

kosa

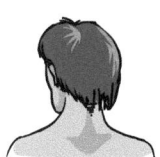

leher

vrat

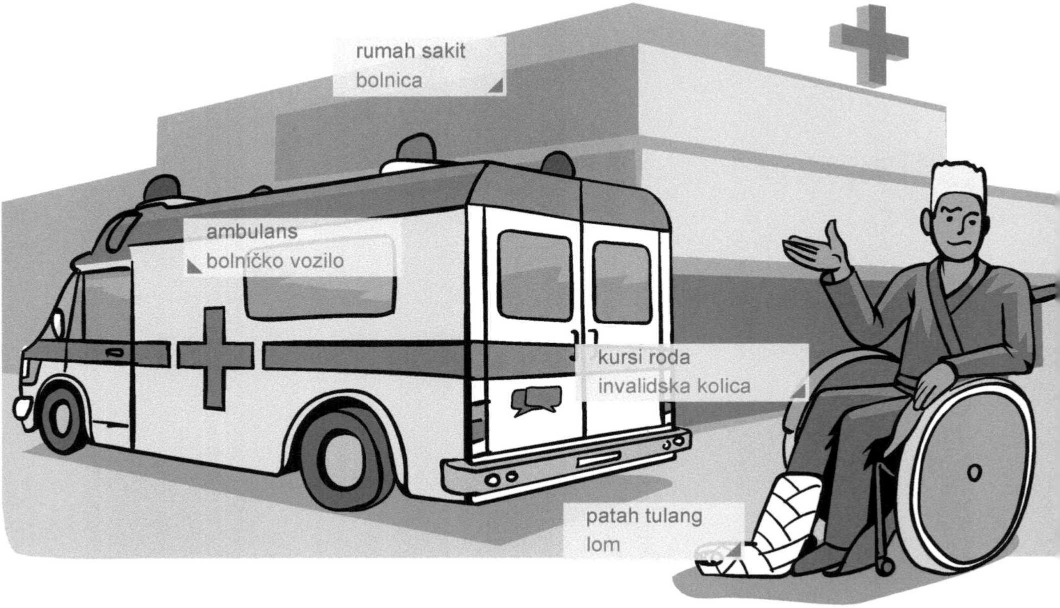

rumah sakit
bolnica

rumah sakit
bolnica
ambulans
bolničko vozilo
kursi roda
invalidska kolica
patah tulang
lom

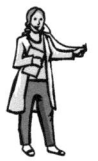

dokter

lliječnik

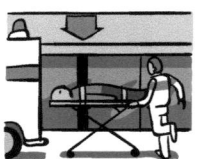

ruang darurat

hitna medicinska služba

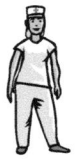

perawat

medicinska sestra

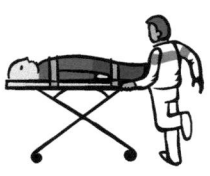

darurat

hitni slučaj

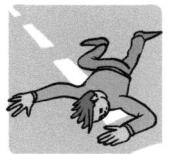

semaput

nesvijest

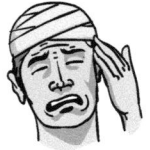

sakit

bol

cedera

ozljeda

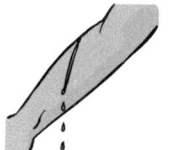

perdarahan

krvarenje

serangan jantung

srćani infarkt

stroke

moždani udar

alergi

alergija

batuk

kašalj

demam

groznica

flu

gripa

diare

proljev

sakit kepala

glavobolja

kanker

rak

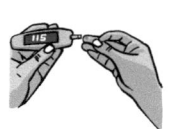

diabetes

dijabetes

ahli bedah

kirurg

pisau bedah

skalpel

operasi

operacija

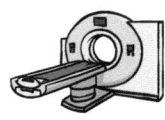

CT

ct

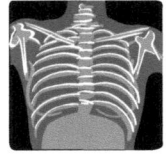

sinar x

rentgen

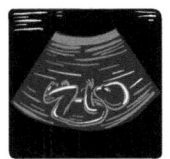

usg

ultrazvuk

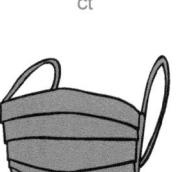

topeng

maska

penyakit

bolest

ruang tunggu

čekaonica

penyokong

štaka

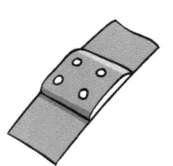

plester

flaster

perban

zavoj

injeksi

injekcija

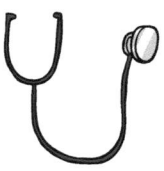

stetoskop

stetoskop

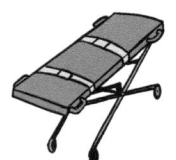

usungan

nosilo

termometer klinis

termometar

kelahiran

rođenje

kelebihan berat badan

prekomjerna težina

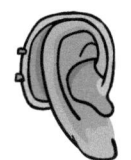

alat pendengar

slušni aparat

desinfektan

sredstvo za dezinfekciju

infeksi

infekcija

virus

virus

HIV / AIDS

hiv / sida

obat

medicina

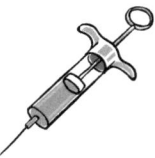

vaksinasi

vakcinacija

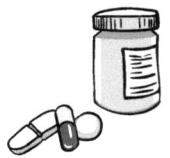

tablet

tablete

pil

pilula

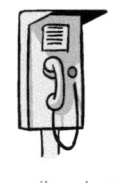

panggilan darurat

poziv u pomoć

ukur tekanan darah

uređaj za mjerenje tlaka

sakit / sehat

bolesno / zdravo

Tolong!

pomoć!

alarm

alarm

penyerbuan

nasrtaj

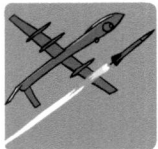

serangan

napad

bahaya

opasnost

pintu darurat

izlaz za nuždu

Api!

požar!

alat pemadam kebakaran

vatrogasni aparat

kecelakaan

nezgoda

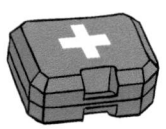

kit pertolongan pertama

kofer prve pomoći

SOS

sos

polisi

policija

Eropa

Europa

Amerika Utara

sjeverna amerika

Amerika Selatan

južna amerika

Afrika

Afrika

Asia

Azija

Australi

Australija

Atlantik

Atlantik

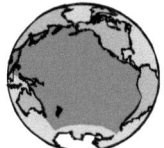

Pasifik

Pacifik

Samudra India

ocean

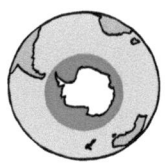

Samudra Antartika

antarktički ocean

Samudra Arktik

arktički ocean

kutub utara

sjeverni pol

kutub selatan

južni pol

Antarktika

Antarktik

bumi

zemlja

tanah

zemlja

laut

more

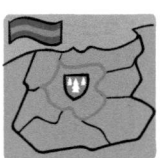

pulau

otok

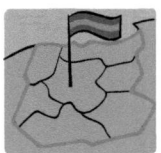

bangsa

nacija

negara

država

jam wajah

brojčanik sata

jarum pendek

satna kazaljka

jarum menit

minutna kazaljka

jarum detik

sekundna kazaljka

Jam berapa?

Koliko je sati?

hari

dan

waktu

vrijeme

sekarang

sada

jam digital

digitalni sat

menit

minuta

jam

sat

minggu
tjedan

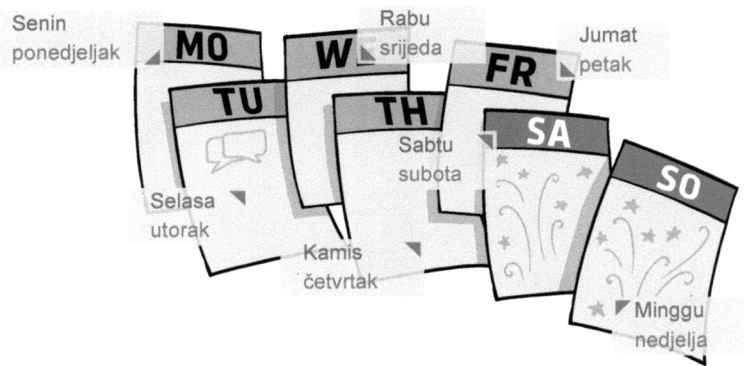

Senin
ponedjeljak

Rabu
srijeda

Jumat
petak

Selasa
utorak

Sabtu
subota

Kamis
četvrtak

Minggu
nedjelja

kemaren
jučer

hari ini
danas

besok
sutra

pagi
jutro

siang
podne

malam
večer

<table>
<tr><td>MO</td><td>TU</td><td>WE</td><td>TH</td><td>FR</td><td>SA</td><td>SU</td></tr>
<tr><td>1</td><td>2</td><td>3</td><td>4</td><td>5</td><td>6</td><td>7</td></tr>
<tr><td>8</td><td>9</td><td>10</td><td>11</td><td>12</td><td>13</td><td>14</td></tr>
<tr><td>15</td><td>16</td><td>17</td><td>18</td><td>19</td><td>20</td><td>21</td></tr>
<tr><td>22</td><td>23</td><td>24</td><td>25</td><td>26</td><td>27</td><td>28</td></tr>
<tr><td>29</td><td>30</td><td>31</td><td>1</td><td>2</td><td>3</td><td>4</td></tr>
</table>

hari kerja
radni dani

<table>
<tr><td>MO</td><td>TU</td><td>WE</td><td>TH</td><td>FR</td><td>SA</td><td>SU</td></tr>
<tr><td>1</td><td>2</td><td>3</td><td>4</td><td>5</td><td>6</td><td>7</td></tr>
<tr><td>8</td><td>9</td><td>10</td><td>11</td><td>12</td><td>13</td><td>14</td></tr>
<tr><td>15</td><td>16</td><td>17</td><td>18</td><td>19</td><td>20</td><td>21</td></tr>
<tr><td>22</td><td>23</td><td>24</td><td>25</td><td>26</td><td>27</td><td>28</td></tr>
<tr><td>29</td><td>30</td><td>31</td><td>1</td><td>2</td><td>3</td><td>4</td></tr>
</table>

akhir minggu
vikend

tahun
godina

hujan
kiša
pelangi
duga
salju
snijeg
angin
vjetar
musim semi
proljeće
musim gugur
jesen
musim panas
ljeto
musim dingin
zima

4.APRIL 11°
5.APRIL 4°
6.APRIL 13°
7.APRIL 8°
8.APRIL 10°

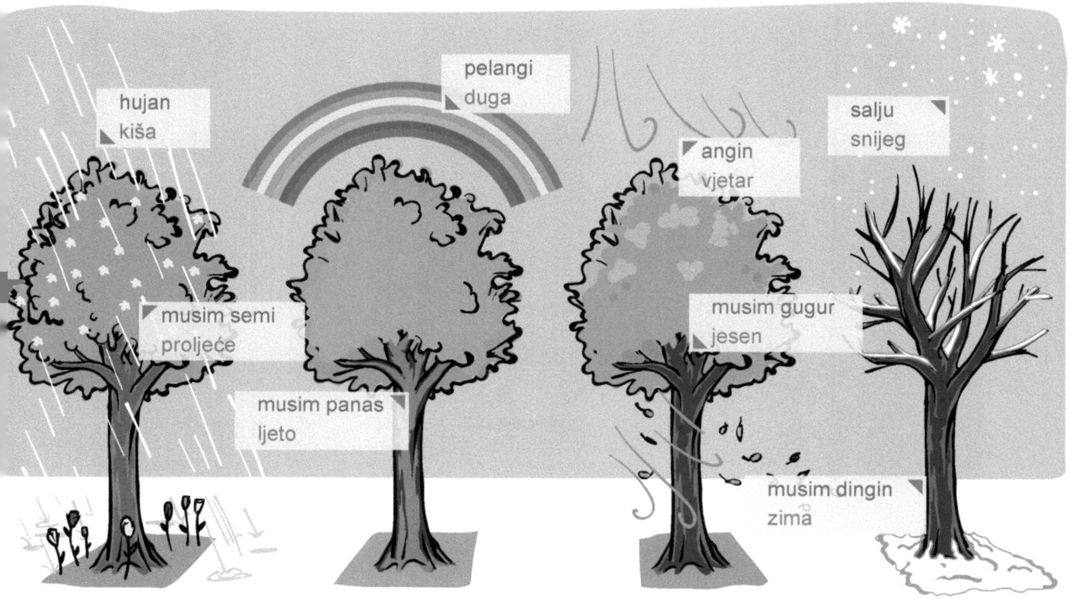

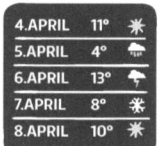

ramalan cuaca

meteorološka prognoza

F
C

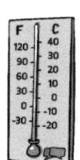

termometer

termometar

matahari

sunčana svjetlost

awan

oblak

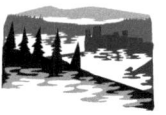

kabut

magla

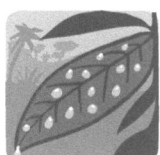

kelembahan

vlažnost zraka

kilat

munja

guntur

grmljavina

badai

oluja

hujan es

tuča

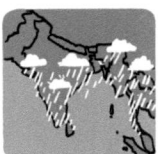

monsun

monsun

banjir

poplava

es

led

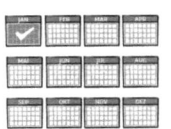

Januari

siječanj

Februari

veljača

Maret

ožujak

April

travanj

Mei

svibanj

Juni

lipanj

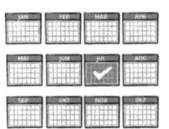

Juli

srpanj

Agustus

kolovoz

September
....
rujan

Oktober
....
listopad

November
....
studeni

Desember
....
prosinac

bentuk

oblici

lingkaran
....
krug

persegi
....
kvadrat

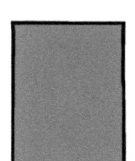

persegi panjang
....
pravokutnik

segi tiga
....
trokut

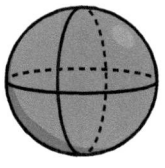

bola
....
kugla

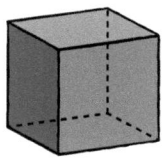

kubus
....
kocka

putih

bijela

kuning

žuta

oranye

narančasta

pink

ružičasta

merah

crvena

ungu

ljubičasta

biru

plava

hijau

zelena

coklat

smeđa

abu-abu

siva

hitam

crna

banyak / sedikit

mnogo / malo

marah / tenang

ljutito / mirno

cantik / jelek

lijepo / ružno

mulaih / selesai

početak / kraj

besar / kecil

veliko / maleno

terang / gelap

svijetlo / tamno

saudara laki-laki / saudara perempuan

brat / sestra

bersih / kotor

čisto / prljavo

lengkap / tidak lengkap

potpuno / nepotpuno

hari / malam

dan / noć

mati / hidup

mrtvo / živo

luas / sempit

široko / usko

dapat dimakan / tidak dapat
dimakan

jestivo / nejestivo

jahat / baik

zlo / dobro

bersemangat / bosan

uzbuđeno / dosadno

gemuk / kurus

debelo / mršavo

pertama / terakhir

na početku / na kraju

teman / musuh

prijatelj / neprijatelj

penuh / kosong

puno / prazno

keras / lembut

tvrdo / mekano

berat / enteng

teško / lagano

lapar / haus

glad / žeđ

sakit / sehat

bolesno / zdravo

ilegal / legal

ilegalno / legalno

cerdas / bodoh

pametno / glupo

kiri / kanan

lijevo / desno

dekat / jauh

blizu / daleko

baru / bekas

novo / rabljeno

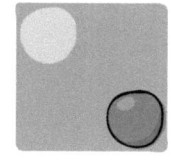

tidak ada apapun / sesuatu

ništa / nešto

tua / muda

staro / mlado

nyala / mati

uključeno / isključeno

buka / tutup

otvoreno / zatvoreno

tenang / keras

tiho / glasno

kaya / miskin

bogato / siromašno

benar / salah

točno / pogrešno

kasar / halus

hrapavo / glatko

sedih / gembira

tužno / sretno

pendek / panjang

kratko / dugo

pelan-pelan / cepat

polako / brzo

basah / kering

mokro / suho

hangat / sejuk

toplo / hladno

perang / damai

rat / mir

berlawanan - suprotnosti

0

nol

nula

1

satu

jedan

2

dua

dva

3

tiga

tri

4

empat

četiri

5

lima

pet

6

enam

šest

7

tujuh

sedam

8

delapan

osam

9

sembilan

devet

10

sepuluh

deset

11

sebelas

jedanaest

12

duabelas

dvanaest

13

tigabelas

trinaest

14

empatbelas

četrnaest

15

limabelas

petnaest

16

enambelas

šestnaest

17

tujuhbelas

sedamnaest

18

delapanbelas

osamnaest

19

sembilanbelas

devetnaest

20

duapuluh

dvadeset

100

seratus

stotinu

1.000

seribu

tisuću

1.000.000

juta

milijun

Inggris

engleski

bahasa Inggris Amerika

američko engleski

bahasa Cina Mandarin

kinesko mandarinski

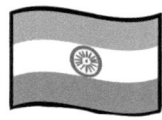

bahasa Hindi

hindi

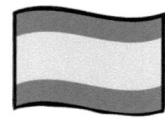

bahasa Spanyol

španjolski

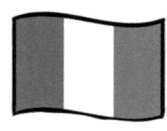

bahasa Perancis

francuski

bahasa Arab

arapski

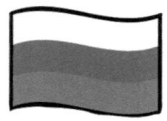

bahasa Rusia

ruski

bahasa Portugis

portugalski

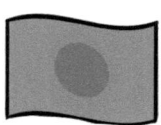

bahasa Bengal

bengalski

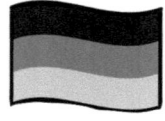

bahasa Jerman

njemački

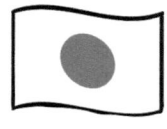

bahasa Jepang

japanski

saya

ja

kamu

ti

dia

on / ona / ono

kita

mi

kalian

vi

mereka

oni

siapa?

tko?

apa?

što?

begaimana?

kako?

dimana?

gdje?

kapan?

kada?

nama

ime

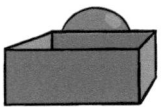

dibelakang

iza

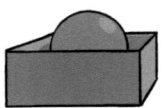

di

u

didepan

ispred

diatas

preko

diatas

na

dibawah

ispod

sebelah

pored

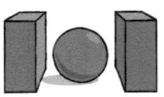

di antara

između

tempat

mjesto